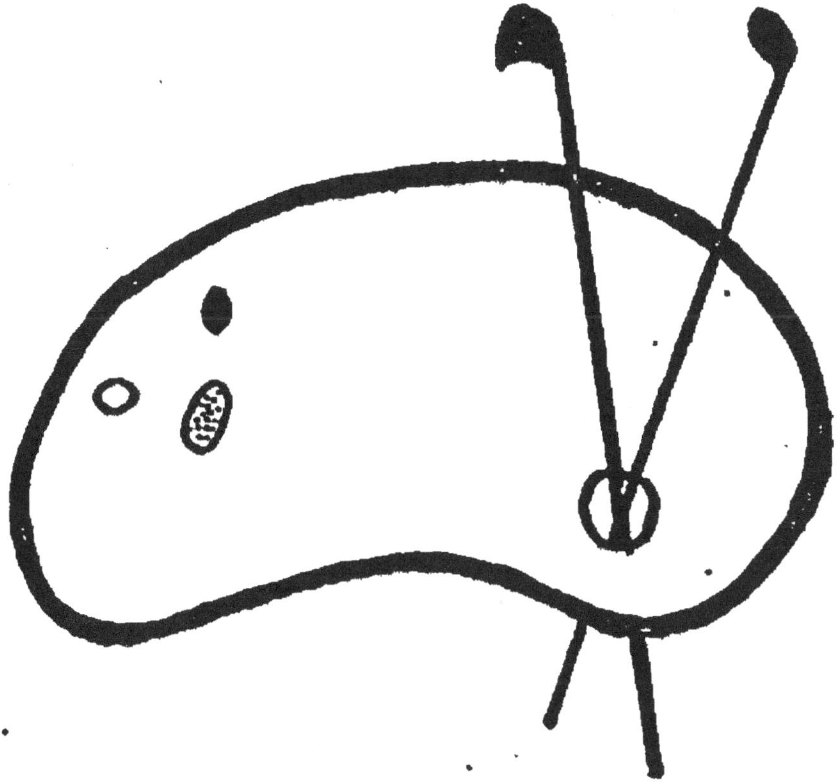

DEBUT D'UNE SERIE DE DOCUMENTS
EN COULEUR

LES
CONDITIONS D'EXISTENCE
A TANGER

Prix : 0 fr. 50

PUBLICATION

DU COMITÉ DU MAROC

21, Rue Cassette, 21

PARIS

—

Janvier 1906

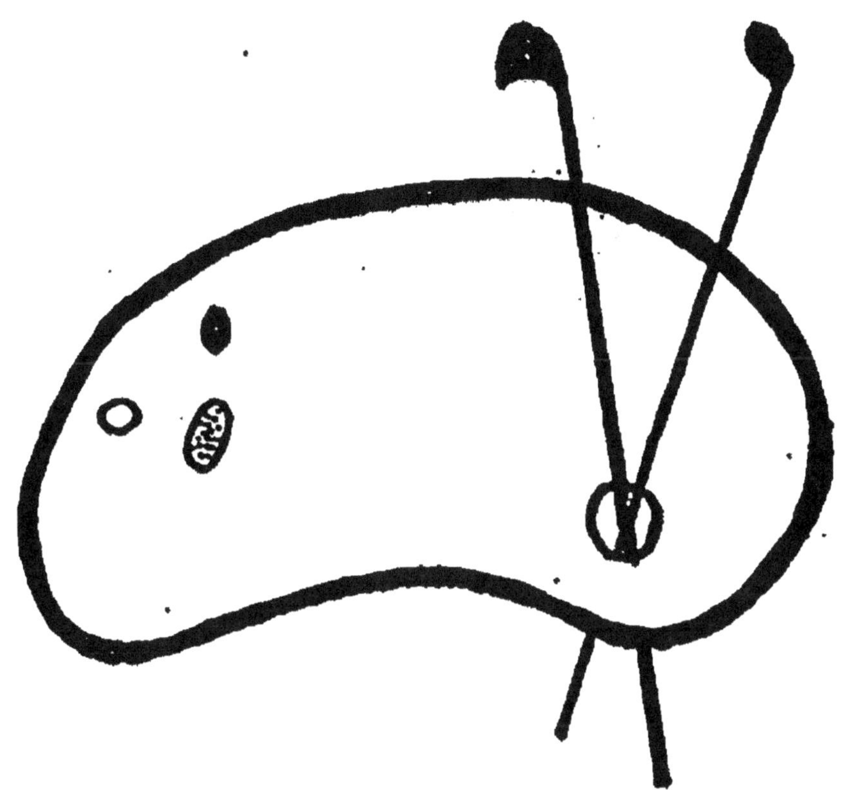

FIN D'UNE SÉRIE DE DOCUMENTS
EN COULEUR

LES
CONDITIONS D'EXISTENCE
A TANGER

Prix : 0 fr. 50

PUBLICATION

DU COMITÉ DU MAROC
21, Rue Cassette, 21

PARIS

—

Janvier 1906

COMITÉ DU MAROC

Président d'honneur : M. Eug. ÉTIENNE, Ministre de la Guerre.
Président : M. GUILLAIN, Vice-Président de la Chambre des Députés.
Trésorier : M. RENÉ FOURET.
Membres : MM.
  E.-M. DE VOGUÉ, Membre de l'Académie Française, Vice-Président du Comité de l'Afrique Française ;
  AUGUSTIN BERNARD, Professeur de Géographie de l'Afrique du Nord à la Sorbonne ;
  Prince ROLAND BONAPARTE ;
  PAUL BOURDE ;
  Comte H. DE CASTRIES ;
  J. CHAILLEY, Secrétaire général de l'Union coloniale ;
  J. CHARLES-ROUX, ancien Député ;
  Le Général DERRÉCAGAIX ;
  S. DERVILLÉ, Président du Conseil d'administration de la Compagnie Paris-Lyon-Méditerranée ;
  O. HOUDAS, Professeur à l'École des Langues Orientales vivantes ;
  LUCIEN HUBERT, Député ;
  RENÉ MILLET, Ambassadeur de France ;
  GEORGES PRESTAT ;
  Le Général VARIGAULT ;
Secrétaire général : AUGUSTE TERRIER ;
Secrétaires : ROBERT DE CAIX et ROGER TROUSSELLE ;
Délégué à Tanger : CH. RENÉ-LECLERC.

Siège du Comité : **21, Rue Cassette, Paris.**

Tout Français souscripteur d'une somme au moins égale à 20 fr. devient adhérent du Comité du Maroc et reçoit le « Bulletin mensuel de l'Afrique française », organe du Comité.

Adresser les souscriptions au Trésorier du Comité du Maroc, 21, rue Cassette, Paris.

LES CONDITIONS D'EXISTENCE
A TANGER

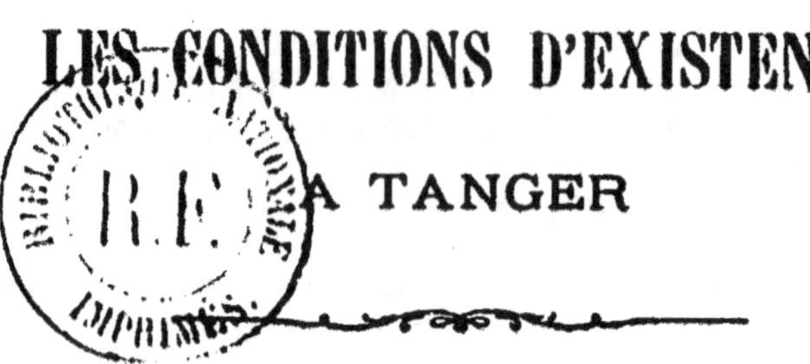

§ I. — Avant-propos.

Le Français qui débarque pour la première fois à Tanger où il vient, non point en touriste mais pour s'y établir, est suffisamment désorienté pour qu'il nous ait paru nécessaire d'enregistrer en quelques pages les conditions de la vie matérielle à Tanger. A leur lecture les émigrants vers le Maroc pourront se faire par avance une idée sommaire des dépenses journalières auxquelles ils seront astreints. Cette notice s'adresse de préférence aux modestes, à ceux qui sont tenus de tabler sur un budget discret et qui ne peuvent songer à user soit des hôtels coûteux, soit des installations luxueuses et du train de vie généreux dont usent à Tanger quelques privilégiés de la fortune.

Le « Petit Guide » du Comité du Maroc donne assez d'indications sur les tarifs de débarquement et sur les hôtels de tout ordre pour qu'il semble utile de revenir là-dessus. Qu'il suffise de se rappeler que l'Hôtel International (français) et l'Hôtel Maclean (anglais) joignent à un certain confortable l'avantage d'un bon marché relatif. L'Hôtel des Gourmets (français) est plus modeste comme installation et comme prix.

§ II. — Budget. — Les Monnaies. — Le Change.

Tout ménage français qui viendra s'installer à Tanger fera bien d'avoir une petite avance de 3 à 4,000 fr. (à moins qu'il ne soit assuré d'un traitement d'employé ou de fonctionnaire). La vie à Tanger, pour un petit ménage bourgeois vivant très modestement, revient au moins à 3,000 fr. par an. Celui qui désire s'établir comme commerçant ou comme petit industriel fera bien de calculer minutieusement ses chances de gain avant d'entreprendre quoi que ce soit.

C'est un mauvais raisonnement que celui qui consiste à escompter sur le « bénéfice » du change. Ce bénéfice est illusoire; car si 100 fr. français équivalent à 130 pesetas espagnoles et 150 pesetas hassani (monnaie locale), cela n'empêche pas les articles originaires d'Europe de conserver leur valeur en francs, grevée des droits de douanes et des frais de transport. De sorte qu'on arrive à payer 6 pesetas un objet qui vaut 3 fr. 50 français (1).

D'autre part, s'il est certaines denrées locales qui sont relativement bon marché parce qu'on les paie en monnaie espagnole et en monnaie hassani, il en est d'autres qui atteignent des prix exorbitants. Enfin la monnaie hassani est de plus en plus dépréciée, la monnaie de bronze notamment que les petits cireurs eux-mêmes ne veulent plus accepter.

Tout compte fait, la vie revient plus cher à Tanger que dans la plupart des petites localités de France. Cela est dû au manque d'organisation du pays qui a sa répercussion sur la vie économique, à l'impossibilité pour les Européens de faire de la culture maraîchère autour de la ville à cause de l'insécurité, à l'exigence des propriétaires d'immeubles qui ne connaissent pas encore la concurrence de la bâtisse, à toutes sortes d'éléments enfin qui disparaîtront le jour où l'Europe et la France auront obtenu du Sultan un autre *modus vivendi* que celui qui les régit actuellement. En attendant, il faut se plier aux exigences du moment.

(1) Actuellement (novembre 1905) 100 francs = 127 pesetas espagnoles et 161 pesetas hassani.

§ III. — Logements.

Les prix varient suivant les quartiers. Si un commerçant tient à s'établir au centre même de la ville, c'est-à-dire sur le *Petit Sokko* ou dans ses parages immédiats, il ne faut pas qu'il songe à avoir son appartement dans le même local que son magasin, — sauf dans des cas exceptionnels. — Les magasins bien situés coûtent en effet très cher, pour ce qu'ils valent (de 150 à 250 pesetas espagnoles par mois une pièce exiguë). Dans la ville même (quartier européen), un logement de 4 pièces et une cuisine revient au moins à 100 pesetas espagnoles par mois. Avec le nombre de pièces le prix augmente : 7 pièces et une cuisine reviennent à 200 pesetas, si ce n'est plus. Mais rien n'oblige les gens à vivre dans ce quartier exigu et peu hygiénique. Des quartiers nouveaux se sont bâtis à courte distance à la Plage, au Souani, à San-Francisco, au plateau du Marchan et aux environs de la *Calle de Tétouan*. Là on peut trouver assez facilement des petites villas isolées de 5 à 6 pièces et une cuisine pour 100 à 125 pesetas espagnoles par mois. Au Souani, un petit logement de 2 pièces avec cuisine, au rez-de-chaussée, revient de 300 à 500 pesetas espagnoles par an. A San-Francisco, les logements de 3 à 4 pièces oscillent entre 600 et 1,000 pesetas espagnoles par an.

Entre la *Calle de Tétouan* et le plateau du Marchan notamment on trouve, dans un vallon très rapproché de la ville, des maisonnettes neuves et proprettes dont le loyer mensuel ne dépasse pas les chiffres que je viens d'indiquer. La plupart des maisons neuves ont l'eau dans la maison, soit par un puits, soit par une citerne. L'eau arrive à niveau au moyen d'une pompe. Dans la ville même on peut trouver, dans des ruelles éloignées du centre, des chambres avec cuisine en commun dans les prix de 50 à 60 pesetas espagnoles par mois (pour des ouvriers par exemple).

Les baux se font généralement pour un an. Comme il n'y a pas de réglementation bien précise, le locataire peut s'entendre avec le propriétaire sur les conditions de son bail, sur les causes de nullité ou de résiliation du contrat.

§ IV. — Ameublement.

Les personnes qui désirent apporter leur mobilier à Tanger devront lui assurer un emballage extrêmement minutieux. Ce voyage est en effet un des plus rudes qui existent pour les colis et les marchandises. Les manipulations faites en rade de Tanger notamment exigent beaucoup de résistance à la casse.

Il vaut mieux ne se faire accompagner que des meubles et des objets auxquels on tient, car on trouvera sur place, chez un marchand d'ameublements (espagnol) de quoi meubler, pas très confortablement il est vrai, un appartement ou une villa. Les prix ne sont pas excessifs, se paient en pesetas espagnoles, et ne dépassent pas certainement le coût de revient de meubles *neufs* qu'on aurait emporté de France avec soi. Ces meubles sont en général des produits de l'industrie espagnole... et il y a mieux certainement. Quelques tapis indigènes de fabrication locale achèveront de donner à un logement, si modeste qu'il soit, une apparence agréable et un décor très satisfaisant.

§ V. — La nourriture.

A. — Approvisionnement. — Marchés.

Marché. — Sur le *Grand Sokko*, vaste esplanade qui s'étend au sud de la ville, des marchands indigènes installés sous des tentes en loques, vendent des légumes, de la ferraille, de la friperie. Le dimanche et le jeudi sont des jours de fort marché. Les Européens ne fréquentent guère ces vendeurs qui fournissent surtout la clientèle indigène.

Un autre marché, situé dans l'intérieur de la ville, en haut à gauche de la Grande Rue, est au contraire le centre d'approvisionnement de la population européenne. C'est une ruelle étroite, bordée de boutiques, où la foule se presse incessamment toute la matinée.

Les marchands aisés sont installés dans des boutiques ou

dans des baraques en bois. Les autres (des indigènes musulmans) sont accroupis devant et étalent devant eux du persil, des fleurs, etc...

On y trouve aussi des juifs crasseux qui offrent de la monnaie de billon, accumulée dans des couffins, contre des pièces d'argent. C'est le cas de dire qu'ils ne perdent jamais au change.

Un élargissement de la rue forme une sorte de placette carrée autour de laquelle se trouvent de véritables magasins (boucheries, charcuteries, etc...) et des baraques où on trouve des volailles, des légumes, des fruits et des poissons.

Légumes. — On trouve là la plupart des légumes européens, soit qu'ils viennent de Tanger, soit qu'ils viennent de l'Espagne, apportés par des balancelles (c'est la majeure partie). Cependant la ciboulette, l'échalotte, le salsifis, manquent en général sur ce marché.

Fruits. — Tous les fruits que l'on a en Algérie se retrouvent à Tanger; ils sont, le plus souvent, importés d'Epagne.

Viande. — La viande de boucherie est de bonne qualité. Les races ovine et bovine du Maroc ont d'ailleurs une bonne réputation. Le veau de lait est inconnu. Quelquefois les bouchers espagnols abattent des taurassins qu'ils baptisent « veau de lait ».

Poisson. — Le poisson abonde et se vend à vil prix.

Monnaies. — Dans les petits échanges, la monnaie française, quoique recherchée des marchands, ne gagne rien à être employée. La monnaie espagnole, qui est d'usage courant, est toujours acceptée. Les prix s'entendent d'ailleurs, la plupart du temps, en argent espagnol ; de sorte que la monnaie hassani n'est acceptée qu'au taux du change. Il est cependant des marchands indigènes qui tarifent leurs légumes ou leurs fruits en hassani.

Poids et mesures. — Tous les commerçants emploient la livre de 0ʳ, 750ᵍʳ et ses composés (1/2 livre, 1/4 de livre, double livre). On trouve au marché quelques bascules graduées suivant le système métrique.

Le lait se vend dans des pots appelés *tanjia* et contenant environ 2 litres. Le pétrole, l'huile, se vendent à la bouteille (1 litre).

Tarifs. — Les prix des légumes et des autres objets de con-

sommation varient quelque peu suivant la saison ; depuis deux ans l'affluence des Français et des Espagnols à Tanger a causé une augmentation considérable du prix des comestibles.

Les tarifs du marché sont fixés chaque matin par les marchands réunis qui les basent sur la vente de la veille : suivant que la vente a été bonne ou mauvaise, ils élèvent ou abaissent leurs prix ; un tarif minimum est imposé et nul ne doit le diminuer sous peine de se voir immédiatement dépouillé de son étalage. (Cette réglementation ne vise bien entendu que les indigènes.)

Le marchandage à la façon algérienne est naturellement de mise, les marchands désirant vendre le plus cher possible et exploiter l'ignorance ou la naïveté des acheteurs.

Sur les portes des boucheries est indiqué, en arabe, le cours de la viande.

B. — Prix des denrées sur le marché (*été et automne 1905*).

(Les prix sont indiqués en monnaie espagnole.)

		Pesetas.
Boucherie	Bœuf (la livre de 0ᵏᵍ,750ᵍʳ.)	de 0.60 à 1.25
	Mouton —	de 0.65 à 1.50(1)
	Taurassin (dit « veau de lait »).	de 1.50 à 2.00
Gibier et Volaille.	Poules (la pièce)	1.20
	Pigeon —	1.00
	Lapin —	0.60
	Lièvre —	1.75
	Perdrix —	2.50
	Canard —	3.00
	Œufs (le cent)	7.00
	— (les 6)	0.50
Poissons	Soles (environ 1ᵏᵍʳ)	1.50
	Sars —	2.00
	Sardines (les 2 douzaines)	0.25
	Maquereaux (variable, mais très bon marché).	
Légumes	Pommes de terre (la livre de 0ᵏᵍʳ,730)	0.20
	Tomates —	0.20
	Carottes —	1.00
	— (0.25 hassani la botte).	

(1) Boucheries arabes : le bœuf, 0.85 hassani la livre ; le mouton, 1.15 hassani la livre.

		Pesetas
Haricots verts (la livre de 0kgr,750)		0.50
Poivrons verts (la douzaine)		0.30
Courges (par tranche de 1kgr)		0.15
Oignons (chapelet de 25 à 30)		1.00
Ails —		0.50
Aubergines (la douzaine)		1.50
Salade (la tête)		0.20
Choux —		0.30
Choux-fleur —		0.50
Céleri —		0.15
Navets (la botte)		0.25
Blettes (2 botillons)		0.15
Persil (le paquet)		0.10
Épinards (la livre de 0kgr,750)		0.50
Radis roses (le paquet)		0.10
Fruits . . . . . Figues fraîches (la livre de 0kgr,750)[1]		0.25
Pêches —		0.30
Poires —		0.75
Cerises —		0.35
Pommes —		0.70
Châtaignes —		0.35
Citrons (la douzaine)		2.00
Noix (le cent)		2.50
Pastèque (la pièce, pesant à peu près 1kgs)		1.00
Melon (la pièce, pesant à peu près 2kgs)		1.00
Bananes (la douzaine)		2.00
Grenades (la pièce)		0.10

C. — Épicerie.

Plusieurs des rues tortueuses de la ville sont tout au long
bordées de magasins et de boutiques dont la majeure partie
sont des épiceries. Ces débits sont tenus par un grand nombre
de musulmans et de juifs marocains; plusieurs Espagnols
sont également épiciers. Les prix sont ceux de France avec
une majoration de 25 % en général. Il n'y a qu'une épicerie
française sérieuse, d'ailleurs très bien achalandée. Voici quelques-uns de ses prix :

		En francs
Chocolat, qualité fine, non vanillé, le kilog.		3.00
Thé noir ordinaire, la boîte de 0kgr,450.		1.50
Café grillé, extra, le demi-kilog.		1.50

	En francs
Sucre (suivant le prix du cours) ; en moyenne, le kilog. . .	0.70
Biscuits Marie, la boîte.	1.10
Haricots secs, le kilog.	1.50
Riz, le kilog.	0.50
Nouilles aux œufs, 0ᵏᵍʳ,250	0.60
Huile d'olive de Tunisie, le litre	1.75
Vinaigre ordinaire blanc, —	0.50
Beurre frais, au détail, le demi-kilog.	2.15
Fromage de Gruyère, —	1.25
Pétrole américain (au prix du cours), en moyenne, le litre.	0.75
Alcool à brûler, le litre.	0.90
Bougies Fournier (6, 8, 10 au paquet), au prix courant.	
Savon blanc de Marseille, 0ᵏᵍʳ,500	0.35
Vin blanc ordinaire, la bouteille.	0.55

Dans les petites boutiques indigènes on trouve certaines
denrées à meilleur compte :

	En pesetas hassani
Huile à brûler, le litre	0.75
Semoule, la livre de 750 gr.	0.75
Charbon, —	0.20
Sucre en pains, —	0.60

§ VI. — Ressources.

On trouve encore à Tanger :

a) Plusieurs boulangers, dont des boulangers français qui
font du pain excellent, aussi bon que celui qu'on peut manger
dans les grandes villes de France et d'Algérie. Le pain blanc
et le pain dit « de seconde » ou pain bis se paient en monnaie
hassani. Le pain blanc pèse en moyenne de 350 à 400 grammes
et se vend 0,25 hassani ; le pain bis dit « de seconde » pèse
500 grammes et se vend également 0,25 hassani.

b) Des coiffeurs, aux boutiques assez mal tenues et peu
engageantes ; au milieu des nombreux *barberos* espagnols, un
Français vient d'installer un salon de coiffure très convé-
nablement entretenu, ce qui lui a attiré tout de suite de la
clientèle (0 p. 50 esp. pour la barbe ; 0 p. 75 pour les cheveux).

c) Les cafés, trop nombreux, mais il n'y en a pas un seul

parmi les cafés espagnols ou français, qui ait un local suffisamment vaste, éclairé et décoré pour soutenir la comparaison avec un établissement européen de 2me ou de 3me ordre. (Consommations fort chères.)

d) Des bazars et magasins de nouveautés, assez bien achalandés, mais dans des locaux trop étriqués et munis seulement de marchandises de 2me et de 3me qualité, d'origines très diverses, pas très solides en général.

e) Quelques horlogers assez habiles. (Prix modérés.)

f) Des marchands de tabacs, cigares et cigarettes, bien achalandés.

g) Des cordonniers espagnols dont quelques-uns très habiles. On sait qu'en général le cordonnier espagnol est bien réputé. (Prix modestes.)

h) Deux ou trois petits restaurants français qui, de même que les hôtels de 3me et 4me ordre, ont des prix de pension qui varient entre 80 et 90 pes. espagnoles par mois.

i) Des charcutiers dont un français, le seul sérieux.

j) Des fabricants d'eau gazeuse : soda (eau de seltz) et limonade. La bouteille : 0 pes. 30 espagnole.

k) Quelques maréchaux-ferrants espagnols assez habiles. (Prix modérés).

l) Quatre ou cinq imprimeries faisant des travaux courants. La mieux outillée est l'*Imprimerie Marocaine.*

m) Une laiterie anglaise : prix modérés (en hassani) et des chévriers espagnols qui vendent le lait dans la rue le matin.

n) Des ouvriers assez adroits, espagnols et français (maçons, menuisiers, serruriers).

o) Deux ou trois modistes françaises.

p) Une bonne pâtisserie française.

q) Des photographes aussi habiles qu'en Europe et fournissant des produits photographiques.

r) Des quincailliers assez bien montés mais dont les articles sont en général de qualité inférieure (fabrication autrichienne et allemande).

s) Un bourrelier-sellier suffisant pour les besoins du moment.

t) Des tailleurs et des couturières très quelconques et relativement chers.

4) Des marchands de vins nombreux. Les vins importés d'Espagne sont très bon marché mais aussi de qualité très inférieure. Les vins d'Algérie sont meilleurs et ne reviennent pas à plus de 0 pes. 40 ou 0 pes. 50 espagnoles le litre.

Il manque à Tanger un véritable armurier, bien que des forgerons espagnols aient cru devoir prendre cette étiquette. Les quelques blanchisseuses de la ville n'ont que des échoppes, exigent des prix ridiculement exagérés et connaissent mal leur métier; on se plaint notamment de la façon dont elles repassent et glacent le linge. Deux papetiers-libraires, un français et un espagnol, détiennent tout juste l'indispensable; il serait à souhaiter que leurs boutiques soient mieux fournies, car actuellement il est bien des articles qu'on est encore obligé de commander en France. Il n'y a pas d'établissement de bains à Tanger. Seuls les hôtels de 1er ordre ont des salles de bains pour les voyageurs. Les articles de mercerie, bonneterie, chapellerie, ganterie se trouvent dans les bazars (assortiment assez ordinaire).

§. VII, — Domestiques,

J'ai dit qu'un petit ménage modeste pouvait vivre à Tanger avec un buget annuel de 3,000 francs; mais cela s'entend sans domestiques. Il est en effet assez coûteux de se faire servir à Tanger. Les serviteurs sont en général exigeants et mal dressés. Il y a bien quelques Marocains, stylés dans les hôtels de premier ordre ou dans des familles de diplomates qui sont de parfaits cuisiniers et de parfaits valets de chambre mais qui exigent des salaires exorbitants (de 150 à 200 pesetas par mois). En dehors de cette élite, aux tarifs inabordables pour les petites et même les moyennes bourses, il est néanmoins préférable de s'adresser à des Marocains (hommes) pour la cuisine; on arrive à les dresser suffisamment (salaire : de 40 à 60 pesetas hassani par mois, plus la nourriture) et ils sont assez fidèles en général; les Marocains sont aussi des valets de chambre et des portiers dans lesquels on peut avoir confiance, — après être allé aux renseignements comme de juste; pour ce genre de services ne jamais donner plus de 50 pesetas hassanis par mois (et pas de nourriture naturellement). Les femmes marocaines sont d'excellentes femmes de charge (pour travaux de buanderie, de balayage, etc.) On les paie de 15 à 25 pesetas hassanis par mois (sans nourriture).

Il y a en outre les bonnes espagnoles (de 20 à 35 pesetas espagnoles par mois, avec nourriture), qui rendent parfois des services satisfaisants; mais souvent aussi elles sont paresseuses, peu soigneuses... Quant aux bonnes juives, qui n'exigent que de modestes salaires, elles ne sont pas très recommandables en général; de plus, l'inconvénient des samedis et des jours fériés juifs qui sont très nombreux est à redouter. Ces jours-là les bonnes se refusent à faire certains travaux, à préparer les aliments, à allumer le feu, les lampes... de sorte que les maîtres deviennent les véritables esclaves de ces traditions religieuses.

§ VIII. — Renseignements variés.

Il y a un hôpital français à Tanger et deux médecins français (consultations : 5 fr., visites : 10 fr.); il y a aussi un dentiste français (le seul sérieux). Deux pharmaciens français et plusieurs pharmaciens étrangers fournissent les remèdes à des prix raisonnables. Pour les animaux, un vétérinaire français très sérieux peut donner des soins utiles.

Quatre banques françaises font toutes les opérations de banque ordinaires.

Les colis-postaux s'expédient en France par les soins de la Cie de Navigation mixte ou de la Cie Paquet. Le tarif est de 1 fr. 50 pour les colis de 0 à 5 kilogr., de 2 fr. 40 pour un colis de 5 à 10 kilogr. Pour expédier et retirer des colis-postaux, il faut soi-même se livrer à toute une série d'opérations compliquées, longues, vexatoires, que bien souvent on paierait bien cher pour les voir faire à sa place. Il est au moins curieux que pas un Européen n'ait encore cherché à s'occuper du transit des colis-postaux entre la marine et la ville, à servir d'intermédiaire entre les magasins de douane et les particuliers. Pour expédier une caisse quelconque, pour déménager, il faut être son propre emballeur ; il n'y a pas d'entreprise spéciale d'emballage, ce qui est souvent fort incommode.

La poste française fait toutes les opérations, sauf le mandat-télégraphique (anomalie peu explicable). Le télégramme de Tanger pour la France coûte 0 fr. 20 le mot par câble français *via* Oran (0 fr. 15 pour l'Algérie). Une lettre ne dépassant pas 15 gr. paie 0 pes. 05 hassani pour Tanger, 0 pes. 10 pour le Maroc, 0 pes. 25 pour la France, l'Algérie et l'étranger. Chargements et recouvrements se paient également en pes. hassani.

La lumière électrique (fournie par une C⁹ espagnole) éclaire les habitations de ceux qui le demandent. Le prix est de 5 pesetas espagnoles par mois et par lampe de 12 bougies.

Le téléphone (qui appartient à un propriétaire espagnol) fonctionne d'une façon satisfaisante. Le tarif est de 10 pesetas espagnoles par mois. Il n'y a pas de cabine publique au bureau central.

Il y a deux avocats français à Tanger, licenciés en droit, très experts dans les questions de litige en matière musulmane et internationale.

L'Alliance universelle israélite possède une bibliothèque très bien choisie et très copieuse (ouvrages français en général); on peut y emprunter des livres moyennant une faible redevance. Un libraire français détient un petit cabinet de lecture.

Il y a trois écoles primaires françaises où on peut envoyer les enfants des deux sexes jusqu'à l'âge de 12 ou 13 ans moyennant une faible rétribution. Les directeurs de ces écoles peuvent donner des leçons à la maison. On trouve en ville des professeurs d'arabe, d'anglais et d'espagnol. Il n'y a pas de cours secondaire pour pousser les garçons jusqu'au baccalauréat.

Une grande maison française fournit sur place tous les accessoires nécessaires à la peinture d'artistes et d'amateurs.

Il y a à Tanger une église catholique et un temple protestant.

Les grands journaux parisiens arrivent à Tanger 4 ou 5 jours après leur départ de l'imprimerie. Ils s'y vendent trois sous espagnols ou deux sous français ; mais un journal quotidien français, la *Dépêche Marocaine*, donne depuis quelques jours les nouvelles télégraphiques du monde entier et des renseignements de toutes sortes sur le Maroc.

Deux petites salles de spectacle et un cirque, qui se décorent du nom de « Théâtre », reçoivent de temps en temps quelques troupes de passage ou abritent les débuts de quelques artistes locaux. Les jours de beau temps on peut faire des promenades en barque dans la rade de Tanger à tarif très raisonnable (s'adresser de préférence à l'entrepreneur français ou à l'algérien *Kaddour*). A défaut de voitures on peut faire des excursions autour de la ville sur des ânes, des mulets et des chevaux de louage. Il y a de délicieux petits chemins ombragés où les Européens (fonctionnaires, employés) vont respirer l'air de la campagne le dimanche. Ce jour-là, les tarifs sont plus élevés qu'en semaine : 5 ou 6 pesetas hassani un cheval ou un mulet ; 3 pesetas hassani un âne (pour la journée).

Tous les transports se font à dos de bête de somme, sauf les maniements de petits colis que l'on confie à des portefaix. Le marché est rempli de petits porteurs indigènes munis de couffins. Les premiers jours on se fait voler outrageusement, mais on est rapidement au courant et on peut remarquer que, grâce aux paiements en hassani, les transports reviennent à des prix très modérés.

*
* *

Telles sont, dans leur ensemble, les conditions de l'existence à Tanger. J'espère que cette énumération rapide permettra à ceux sous les yeux desquels elle tombera de se rendre compte, approximativement, des dépenses journalières qu'il faut envisager pour ne pas être pris au dépourvu dans cette ville de surprises, — et, trop souvent, de déceptions, pour ceux qui ne se sont pas suffisamment renseignés à l'avance.

Telle est Tanger contemporaine. Ses ressources actuelles qui sont encore bien rudimentaires montrent quels progrès elle doit accomplir pour égaler ses sœurs de l'Afrique du Nord, Alger et Tunis.

Novembre 1903.

9.346. — Imprimerie Annécienne, 4, rue J.-J. Rousseau.

BULLETIN DE SOUSCRIPTION

Ce Bulletin et les Souscriptions doivent être adressés à M. le Trésorier du Comité, 21, rue Cassette, à Paris.

Je souscris au **Comité du Maroc,** *pour la somme de*

Que j'adresse sous ce pli à M. LE TRÉSORIER DU COMITÉ, *21, rue Cassette, Paris ;*

Que je prie M. LE TRÉSORIER *de vouloir bien faire percevoir à l'adresse suivante ;* [1]

A——————————, le——————————— 190

SIGNATURE :

ADRESSE : ——————————————————————————

———————————————————————————————

(1) Effacer l'une ou l'autre formule.

N.-B. — Le **BULLETIN DU COMITÉ DE L'AFRIQUE FRANÇAISE** sera adressé régulièrement à tous les Souscripteurs d'une somme de vingt francs au moins. Il publiera la liste des Souscriptions.

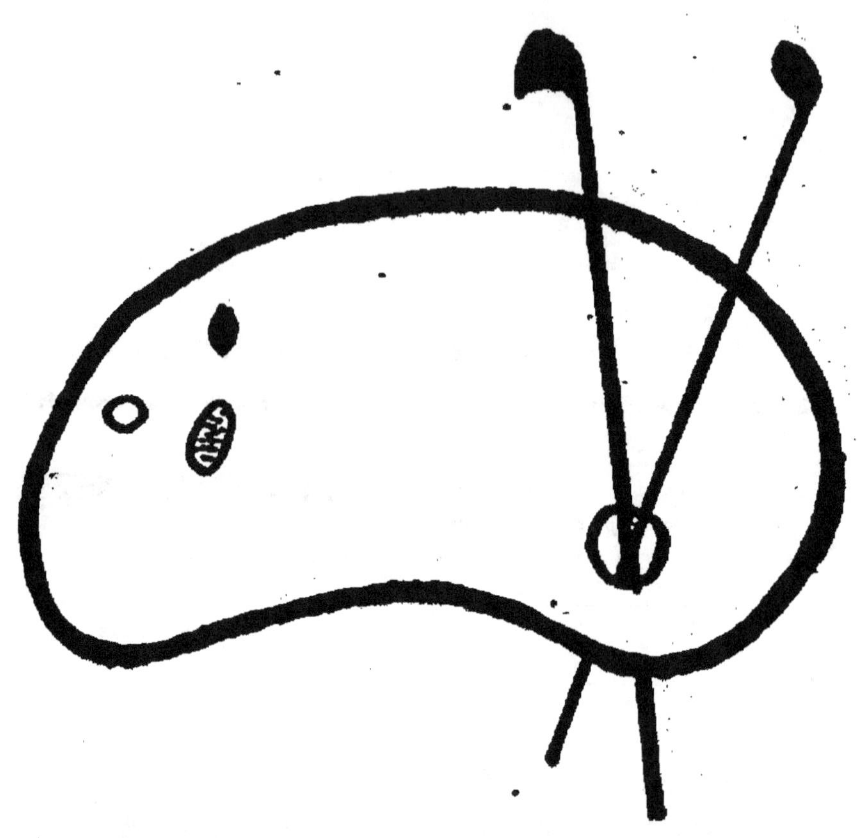

www.ingramcontent.com/pod-product-compliance
Lightning Source LLC
LaVergne TN
LVHW021745030726
842523LV00003B/935